Impressum
Verlag: BABADADA GmbH, Nedderfeld 112 , 22529 Hamburg
Geschäftsführer / Verlagsleitung: Harald Hof
Druck: Books on Demand GmbH, In de Tarpen 42, 22848 Norderstedt

Imprint
Publisher: BABADADA GmbH, Nedderfeld 112 , 22529 Hamburg, Germany
Managing Director / Publishing direction: Harald Hof
Print: Books on Demand GmbH, In de Tarpen 42, 22848 Norderstedt

school

ikigo c' amashure

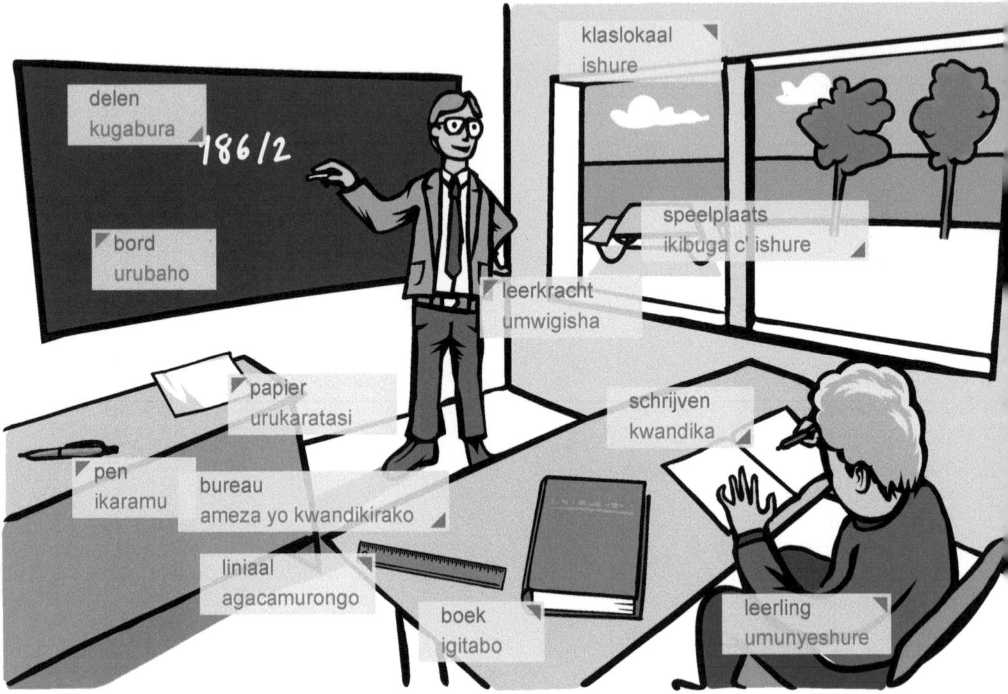

klaslokaal
ishure
delen
kugabura
186/2
speelplaats
ikibuga c' ishure
bord
urubaho
leerkracht
umwigisha
papier
urukaratasi
schrijven
kwandika
pen
ikaramu
bureau
ameza yo kwandikirako
liniaal
agacamurongo
boek
igitabo
leerling
umunyeshure

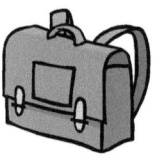

schooltas

isakoshi y'' ishure

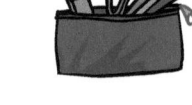

pennenzak

agasaho k' amakaramu

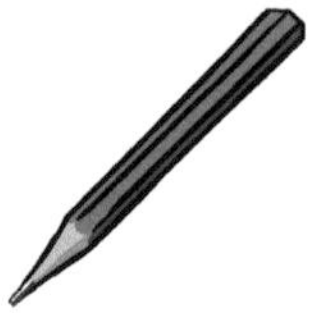

potlood

ikaramu y igiti

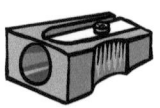

puntenslijper

agasongozo k ikaramu y igiti

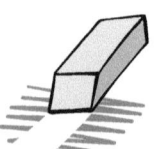

gom

igome

tekenblok

ikaye yo gucapamwo

tekening

igicapo

verfborstel

ikaramu bacapisha irangi

verfdoos

agasandugu kamabara

schaar

imikasi

lijm

kore

werkboek

ikaye y' imyimenyerezo

huiswerk

myimenyerezo yo muhira

nummer

igiharuro

optellen

guteranya

aftrekken

gukuramwo

vermenigvuldigen

kugwiza

rekenen

guharura

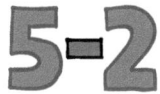

letter

urudome

alfabet

indome

woord

ijambo

tekst

igisomwa

Lezen

gusoma

krijt

ingwa

les

icigwa

klassenboek

igitabo c' ishure

examen

ikibazo

certificaat

impamyabushobozi

schooluniform

impuzu y' ishure

onderwijs

kwiga

encyclopedie

kazinduzi

universiteit

kaminuza

microscoop

mikorosikopi

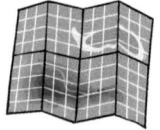

kaart

ikarata

papiermand

agaseke bajugunyamo
amakaratasi

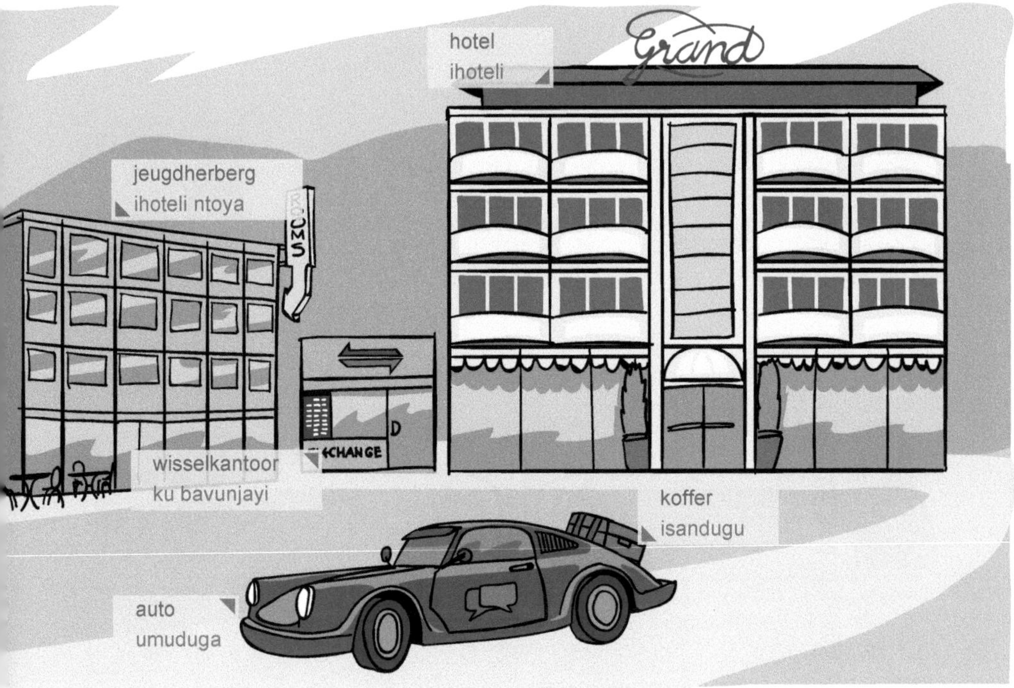

hotel
ihoteli
Grand
jeugdherberg
ihoteli ntoya
ROOMS
wisselkantoor
ku bavunjayi
EXCHANGE
koffer
isandugu
auto
umuduga

Taal

ururimi

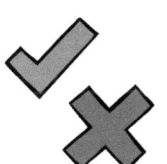

ja / nee

ego / oya

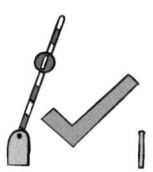

oké

ego

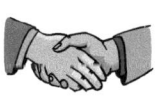

hallo

amahoro!

vertaler

umuntu asigura

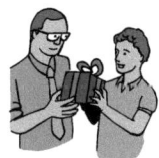

bedankt

ndashimye

Hoeveel kost …?

ni angahe?

Ik begrijp het niet

sindabitahura

probleem

ingorane

Goedenavond!

mwiriwe!

Goedemorgen!

mwaramutse

Goedenavond!

ijoro ryiza!

Tot ziens

nakagaruka

richting

inzira

bagage

imizigo

zak

igapo

rugzak

isaho baheka mu mugongo

gast

umushitsi

kamer

icumba

slaapzak

umufuko wo kuraramo mu rugendo

tent

ihema

toeristeninformatie	strand	kredietkaart
kumenyesha ingenzi	ku musenyi	ikarata y' amahera

ontbijt	lunch	avondeten
ifunguro rya mugatondo	ifunguro ryo ku murango	ifunguro ry 'ijoro

ticket	lift	postzegel
itike	ingazi y' umuyagankuba	umukono

grens	douane	ambassade
umupaka	duwane	ubuserukizi bw' igihugu

visum	paspoort	
viza	pasiporo	

transport

gutwara abantu n' ibintu

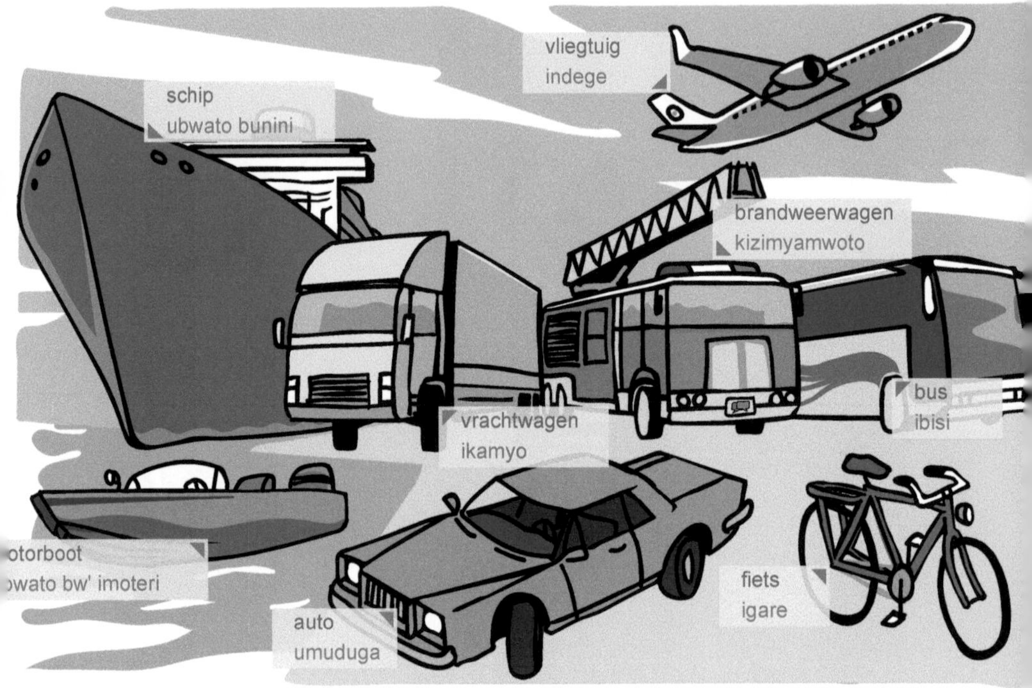
vliegtuig
indege
schip
ubwato bunini
brandweerwagen
kizimyamwoto
bus
ibisi
vrachtwagen
ikamyo
otorboot
ɔwato bw' imoteri
fiets
igare
auto
umuduga

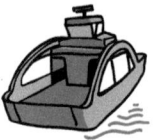

veerboot

ubwato bunini

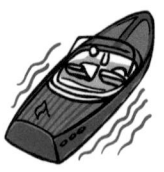

boot

ubwato

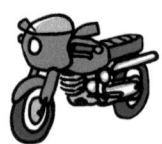

motor

ipikipiki

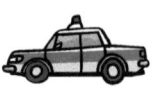

politiewagen

umuduga w' igipolisi

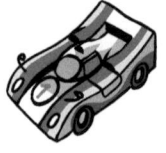

racewagen

umuduga wa kuruse

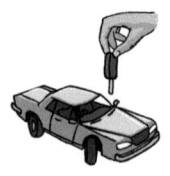

huurauto

umuduga bakodesha

carpoolen
jukoresha imodoka imwe muri benshi

sleepwagen
uruduga ruheka izindi

vuilniswagen
umuduga utwara umucafu

motor
imoteri

benzine
igitoro

benzinestation
ubunywero bw'ibitoro

verkeersbord
rango vyo ku mabarabara

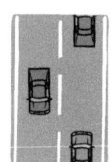

verkeer
uruja n' uruza

file
akajagari k' imiduga mw' ibarabara

parkeerplaats
igituro c' imiduga

station
igituro ca gari ya moshi

sporen
ibarabara rya gari ya moshi

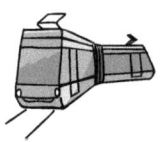

trein
gari ya moshi

tram
gari ya moshi bita tram

wagon
igipande ca gari ya moshi

helikopter

kajugujugu

luchthaven

ikibuga c' indege

toren

umunara

passagier

ingenzi

container

konteneri

karton

ikarato

kar

isharete

mand

icibo

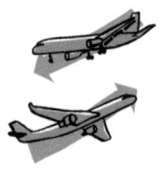

opstijgen / landen

kuguruka / kugwa

stad

igisagara

dorp

umutumba

stadscentrum

hagati mu gisagara

huis

inzu

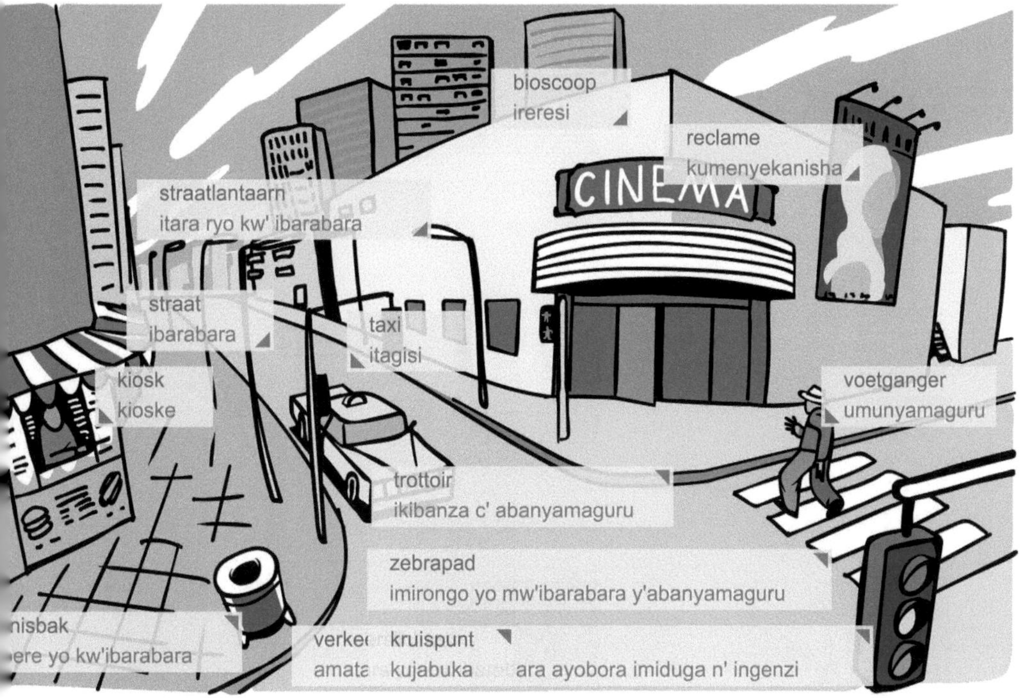

bioscoop
ireresi
reclame
kumenyekanisha
CINEMA
straatlantaarn
itara ryo kw' ibarabara
straat
ibarabara
taxi
itagisi
kiosk
kioske
voetganger
umunyamaguru
trottoir
ikibanza c' abanyamaguru
zebrapad
imirongo yo mw'ibarabara y'abanyamaguru
nisbak
ere yo kw'ibarabara
kruispunt
kujabuka
ara ayobora imiduga n' ingenzi

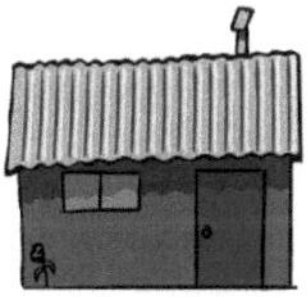

hut

akazu k' ikirundi

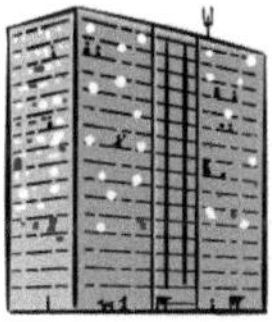

woning

aparitema

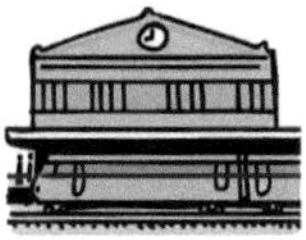

station

igituro ca gari ya moshi

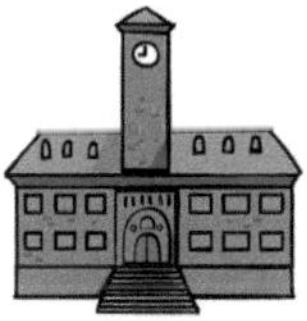

stadshuis

meri

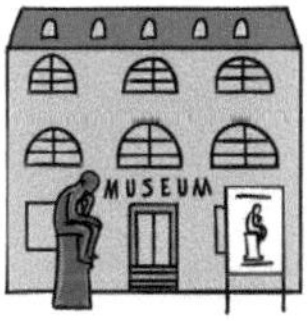

MUSEUM

museum

iratiro ry' ivyakora

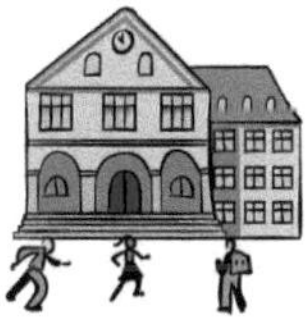

school

ikigo c' amashure

universiteit

kaminuza

bank

ibanki

ziekenhuis

ibitaro

hotel

ihoteli

apotheek

farumasi

kantoor

ibiro

boekwinkel

aho badandaza ibitabo

winkel

akaduka

bloemenwinkel

umudandaza w'amashugwe

supermarkt

supermarshe

markt

isoko

warenhuis

iduka

vishandelaar

umudandaza w' amafi

winkelcentrum

ihuriro ry'amaduka

haven

ikivuko

park
kibanza batemberamwo

bank
intebe ndende

brug
ikiraro

trap
ingazi

metro
gari ya moshi bita métro

tunnel
ibarara ry' indani y' isi

bushalte
igituro c' amabisi

bar
ubunywero

restaurant
resitora

brievenbus
ahaja amakete

straatnaambord
ikirango co kw' ibarabara

parkeermeter
isaha yo ku gituro c'
imiduga

zoo
iratiro ry' ibikoko

zwembad
pisine

moskee
umusigiti

boerderij

ubwororero

milieuverontreiniging

konona ibidukikije

kerkhof

akaburi

kerk

kw'isengero

speelplaats

ikibuga

tempel

inyubako za kera bita
temple

landschap

imisozi

blad
ikibabi

wegwijzer
ivyapa

weg
inzira

weide
ubwatsi bita gazon

steen
ibuye

wandelaar
umuntu atembera kure n' amaguru

boom
igiti

rivier
uruzi

gras
ubwatsi

bloem
ishugwe

vallei

ikiyaya

heuvel

umusozi

meer

ikiyaga

bos

ishamba

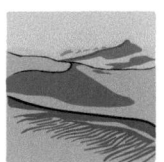

woestijn

ubugaragwa

vulkaan

ikirunga

kasteel

ishato

regenboog

umunywamazi

paddenstoel

ikizinu

palmboom

ikigazi

mug

umubu

vlieg

isazi

mier

urutozi

bijl

uruyuki

spin

igitangurigwa

kever

agakoko gato bita
coléoptère

kikker

igikere

eekhoorn

agakoko bita écureuil

egel

ikinyogote

haas

urukwavu

uil

igihuna

vogel

inyoni

zwaan

imbata

wild zwijn

ingurube y' ishamba

hert

idubu

eland

igikoko bita élan

dam

urugomero

windturbine

icuma gitanga
umuyagankuba

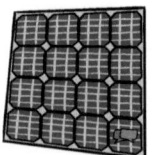

zonnepaneel

ikimuri c' imishwarara

klimaat

igihe

restaurant
resitora

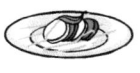

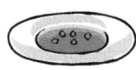

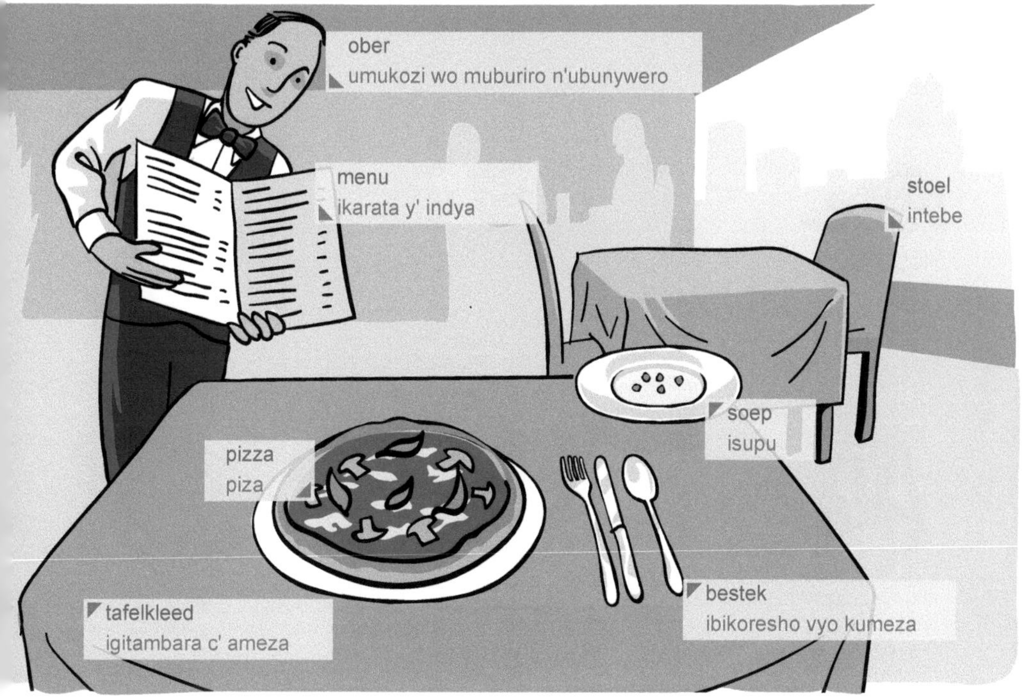

ober
umukozi wo muburiro n'ubunywero
menu
ikarata y' indya
stoel
intebe
soep
isupu
pizza
piza
tafelkleed
igitambara c' ameza
bestek
ibikoresho vyo kumeza

voorgerecht

indya y' ibanze

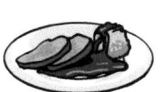

hoofdgerecht

indya nkuru

nagerecht

deseri

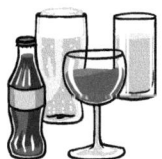

drankjes

inyobwa

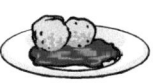

eten

infungugwa

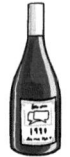

fles

icupa

fastfood

infungugwa batekanye ingoga

street food

Infungugwa barya bagenda

theepot

ibirika y' icayi

suikerpot

agakopo k' isukari

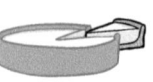

portie

igipande c' indya

espressomachine

imachini ikora espresso

kinderstoel

intebe ndende

rekening

inyemazabuguzi

dienblad

ako batwarako infungugwa

mes

imbugita yo kumeza

vork

ikanya

lepel

ikiyiko

theelepel

akayiko k' icayi

serviette

seriviyeti

glas

ikirahuri

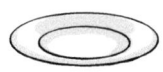

bord
isahani

soepbord
isahani y' isupu

schoteltje
isutasi

saus
isosi

zoutvatje
akanyanyagiza umunyu ku ndya

pepermolen
agasya ipiripiri

azijn
vinaigre

olie
amavuta

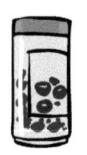

kruiden
indyoshandya

ketchup
kecapu

mosterd
mutaride

mayonaise
mayoneze

supermarkt
supermarshe

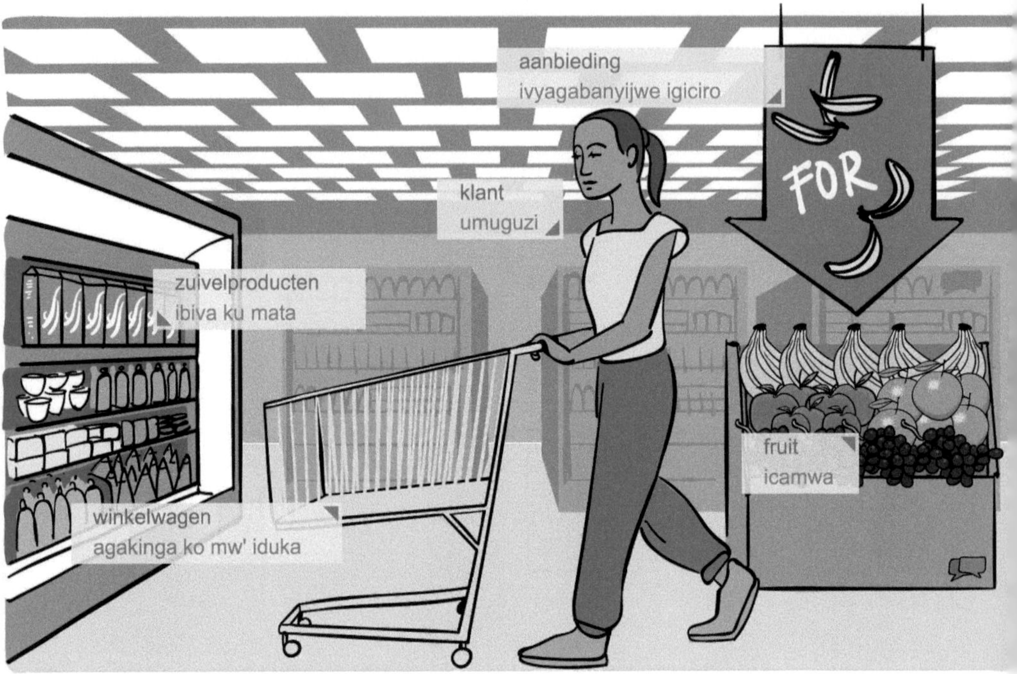

aanbieding
ivyagabanyijwe igiciro
FOR
klant
umuguzi
zuivelproducten
ibiva ku mata
fruit
icamwa
winkelwagen
agakinga ko mw' iduka

BUTCHERS

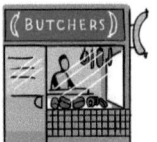

slagerij

amacuniro

BAKERY

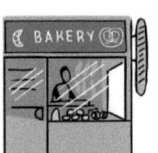

bakkerij

iburangeri

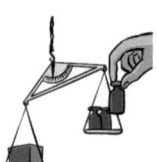

wegen

gupima

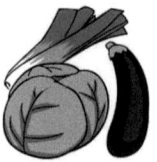

groenten

imboga

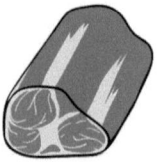

vlees

inyama

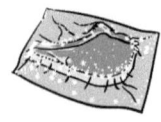

diepvriesvoedsel

Imfungurwa zikanye cane

charcuterie

fungugwa bita charcuterie en tranches

conserven

amafunguro yo mu mabwate

waspoeder

isabune yo kumesura

snoep

ibisosa

huishoudproducten

ibikoresho vyo muhira

schoonmaakproducten

ibikoresho vy'isuku

verkoopster

umudandaza

kassa

kese

kassier

umuntu yakira amahera

boodschappenlijstje

utonde rw' ibidandazwa

openingstijden

amasaha yo kugurura

portefeuille

ingodomoni

kredietkaart

ikarata y' amahera

tas

isakoshe

plastieken zakje

ishakoshe ya parastike

water

amazi

sap

umutobe

melk

amata

cola

koka

wijn

umuvinyo

bier

ikiyeri

alcohol

inzoga

cacao

kakao

thee

icayi

koffie

ikawa

espresso

ikawa yitwa espresso

cappuccino

ikawa yitwa kapucino

banaan

umuhwi

appel

ipome

sinaasappel

umucungwe

meloen

icamwa bita melon

citroen

indimu

wortel

ikaroti

knoflook

igitungurusumu

bamboe

umugano

ajuin

igitunguru

champignon

ikizinu

noten

ibiyoba

noodles

amakaroni

spaghetti

spagetti

rijst

umuceri

salade

isarade

frieten

ifiriti

gebakken aardappelen

ifiriti

pizza

piza

hamburger

hamburugere

sandwich

sandwich

kalfslapje

infungugwa bita escalope

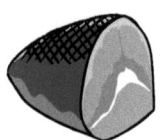

ham

jambo

salami

salami

worst

isosiso

kip

inyama y' inkoko

braden

umusoso

vis

ifi

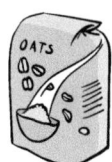

havervlokken
nfungugwa bita flocons d'
avoine

muesli
imfungugwa bita müsli

cornflakes
infungugwa bita corn -
flakes

bloem
ifarini

croissant
umukate bita croissant

pistolet
umukate muto

brood
umukate

toast
umukate bashusha

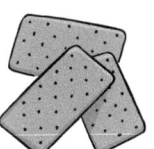

koekjes
ibisuguti

boter
amavuta

kwark
iforomaji yera

taart
igato

ei
irigi

spiegelei
amafunguro bita oeuf au
plat

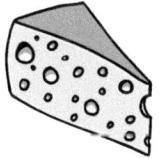

kaas
iformaji

ijs

infungugwa bita crème
glacée

suiker

isukari

honing

ubuki

confituur

ikonfitire

choco

imfungugwa bita praliné

curry

infungugwa bita curry

boerderij

ubwororero

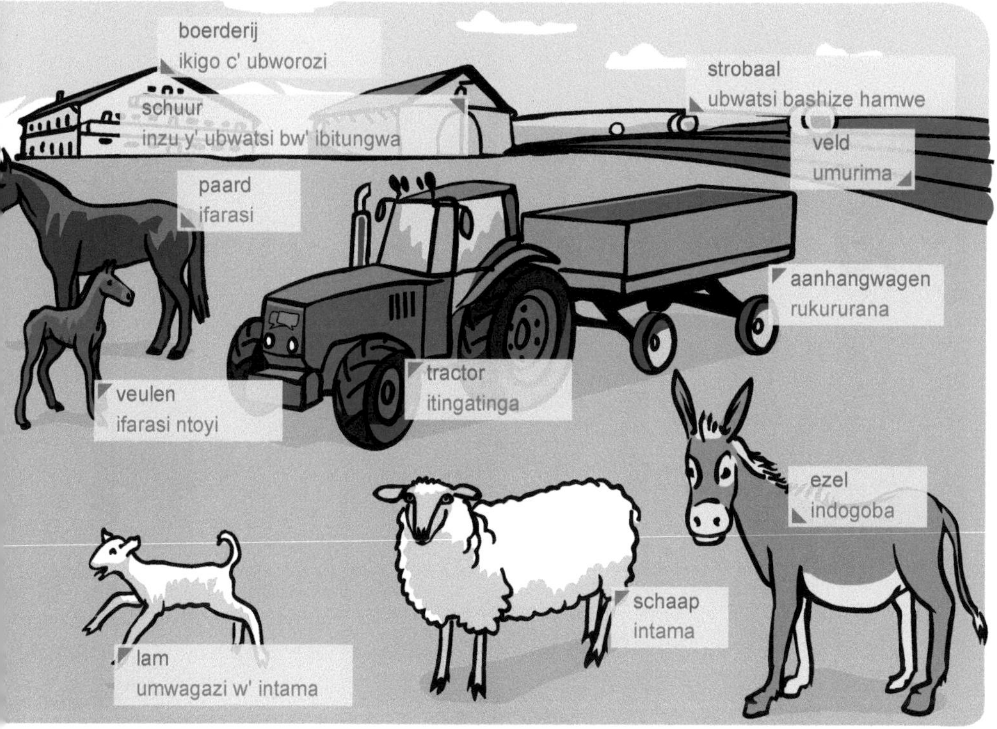
boerderij
ikigo c' ubworozi
schuur
inzu y' ubwatsi bw' ibitungwa
strobaal
ubwatsi bashize hamwe
veld
umurima
paard
ifarasi
aanhangwagen
rukururana
tractor
itingatinga
veulen
ifarasi ntoyi
ezel
indogoba
schaap
intama
lam
umwagazi w' intama

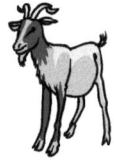

geit
impene

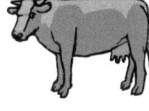

koe
inka

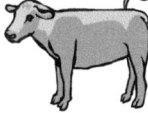

kalf
inyana

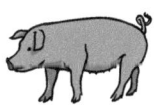

varken
ingurube

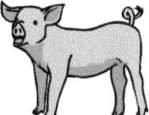

biggetje
ikibuguru

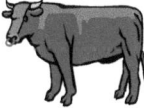

stier
impfizi

gans

inyoni yitwa oie

eend

imbata

kuiken

umuswi

kip

inkokokazi

haan

isake

rat

imbeba nini

kat

akayabu

muis

imbeba

os

ishuri

hond

imbwa

hondenhok

umusaka w'imbwa

tuinslang

umuringoti wo kuvomerera
umurima

gieter

ico bakoresha basukira
amashurwe

zeis

urukero

ploeg

majagu

sikkel

umuhoro

schoffel

isuka

hooivork

ikinyanyagiza ibitabizo irya n'ino

bijl

ishoka

kruiwagen

inkorofani

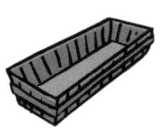

trog

ubwato

melkkan

icansi

zak

umufuko

hek

urugo

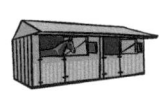

stal

indaro y' ibitungwa

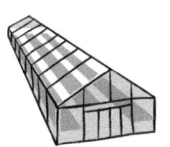

broeikas

utuzu bashusha kugirango ibımera bırımwo bikure

bodem

isi

zaad

imbuto

mest

ifumbire

maaidorser

imashini yimbura

oogsten

kwimbura

oogst

umwimbu

yam

infungugwa bita igname

tarwe

ingano

soja

isoya

aardappel

ikiraya

maïs

ikigori

koolzaad

ubwoko bw' ingano bita
colza

fruitboom

igiti c' ivyamwa

maniok

imyumbati

graan

ibinyantete

huis
inzu

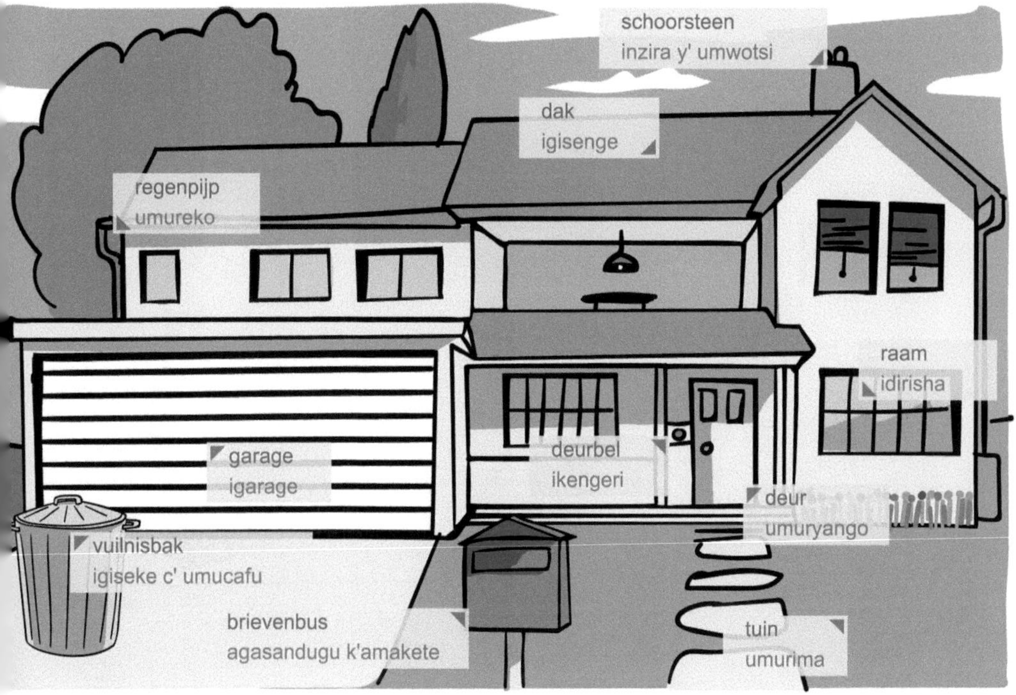

schoorsteen
inzira y' umwotsi
dak
igisenge
regenpijp
umureko
raam
idirisha
garage
igarage
deurbel
ikengeri
deur
umuryango
vuilnisbak
igiseke c' umucafu
brievenbus
agasandugu k'amakete
tuin
umurima

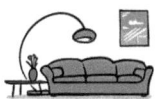

woonkamer
isaro

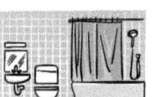

badkamer
ubwogero

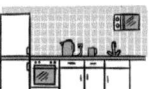

keuken
igikoni

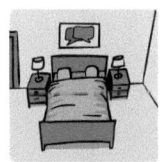

slaapkamer
icumba co kuraramo

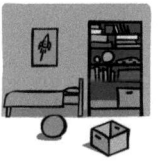

kinderkamer
icumba c' umwana

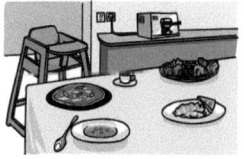

eetkamer
uburiro

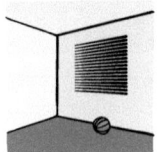

vloer
hasi

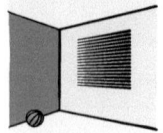

muur
uruhome

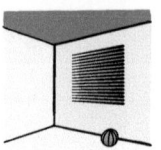

plafond
igisenge c' inzu

kelder
kave

sauna
sauna

balkon
ibaraza

terras
ibaraza

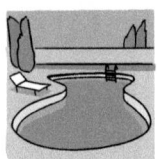

zwembad
aho bogera

grasmaaier
itondezi

dekbedovertrek
igikaratasi

dekbed
uburengeti

bed
uburiri

bezem
umweyerezo

emmer
indobo

schakelaar
akabuto

woonkamer
isaro

behangpapier
igisharizo
foto
isanamu
lamp
itara
schap
akabati
kast
akabati
televisie
imboneshakure
open haard
igicaniro
bloem
ishugwe
kussen
umusagamiro
sofa
ifoteyi
vaas
ivaze
afstandsbediening
terekomande

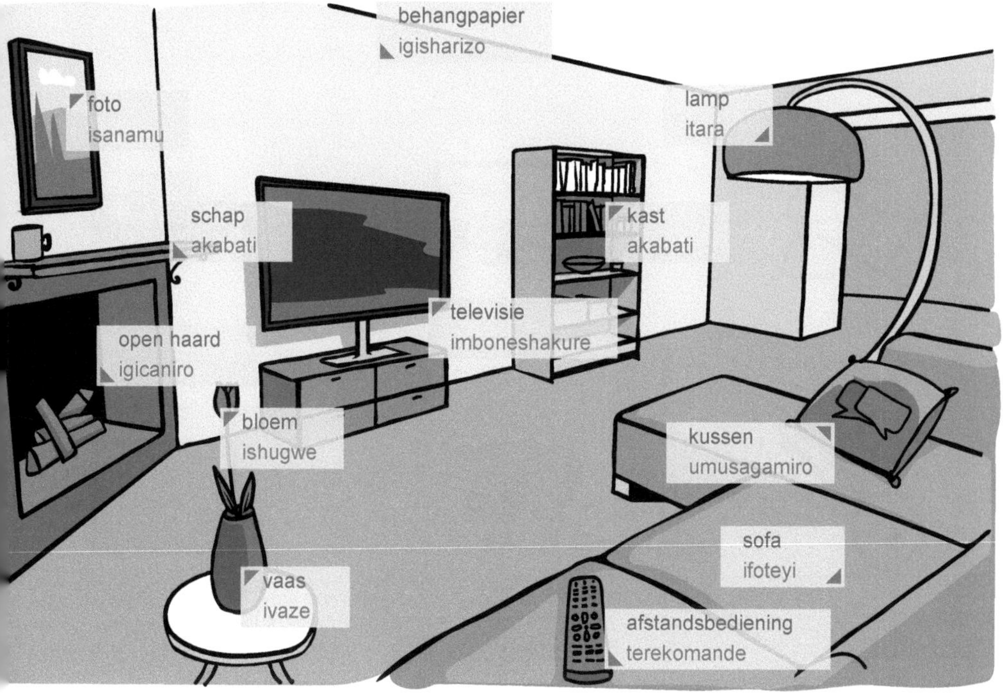

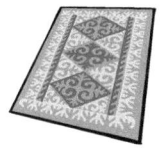

mat
itapi

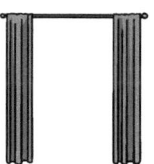

gordijn
irido

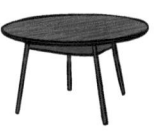

tafel
ameza

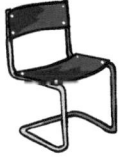

stoel
intebe

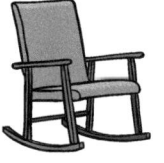

schommelstoel
intebe icundera

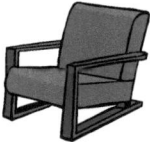

fauteuil
ifoteyi

boek
igitabo

deken
ikirengeti

decoratie
ibitako

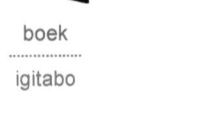

brandhout
inkwi

film
ireresi

stereo-installatie
ivyuma vy' umuziki

sleutel
urufunguruzo

krant
ikinyamakuru

schilderij
gusiga amarangi

poster
isanamu nini

radio
insamirizi

notitieboekje
ikaye ndangaminsi

stofzuiger
asipirateri

cactus
icimera bita cactus

kaars
ibuji

keuken
igikoni

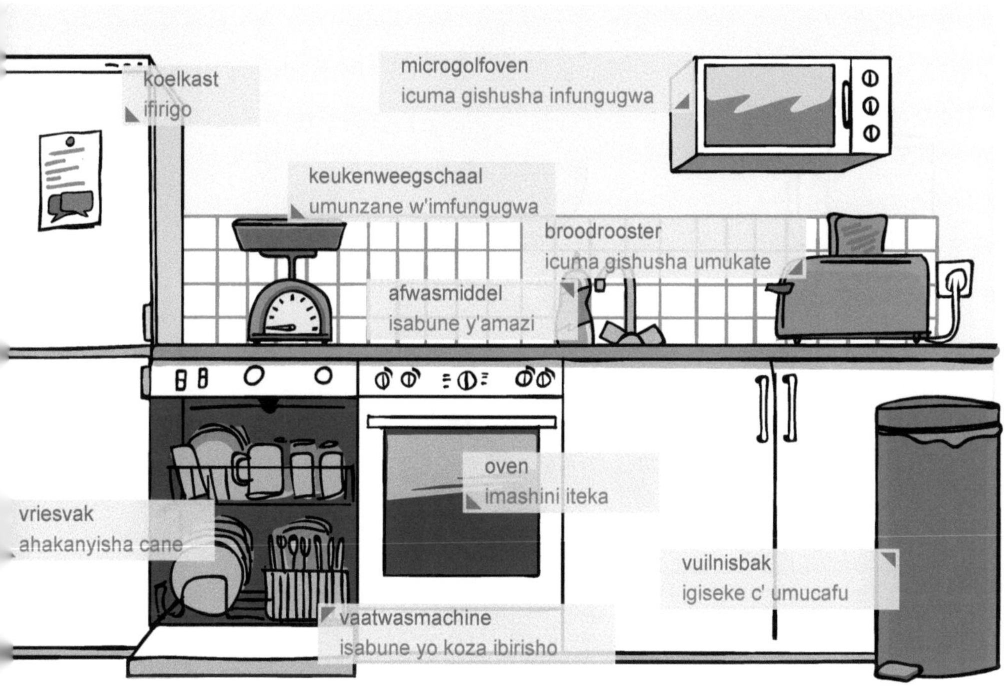
koelkast
ifirigo
microgolfoven
icuma gishusha infungugwa
keukenweegschaal
umunzane w'imfungugwa
broodrooster
icuma gishusha umukate
afwasmiddel
isabune y'amazi
oven
imashini iteka
vriesvak
ahakanyisha cane
vuilnisbak
igiseke c' umucafu
vaatwasmachine
isabune yo koza ibirisho

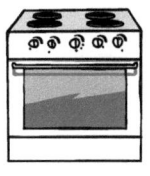

fornuis

ishiga

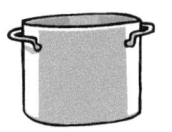

pot

isafuriya

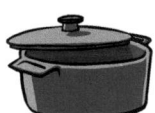

gietijzeren pot

isafuriya y' icuma

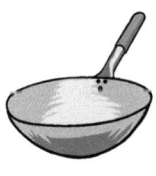

wok / kadai

ipanu bita wok

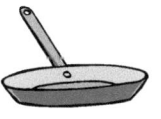

pan

ipanu

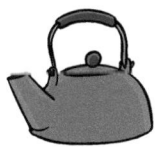

waterkoker

akuma gashusha amazi

stoomkoker

isafuriya itekesha umuhisha

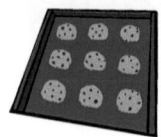

bakplaat

ico bakorerako imikate

servies

ibirisho

mok

igikombe

kom

ibakure

eetstokjes

uduti two kurisha

pollepel

icaruzo c' isupu

spatel

ikimamiro

garde

agakubitisho

vergiet

imashini isya ibifungurwa

zeef

akayunguruzo

rasp

agakatakata imfungugwa

mortier

agasekuro

barbecue

icokerezo

haardvuur

urucaniro

snijplank
urubaho rwo gukatirako

deegrol
akabaho bakoresha spageti

kurkentrekker
urupfunguzo rw'umuvinyu

blik
agasandugu

blikopener
urupfunguzo
rw'agasandugu

pannenlap
ivyo gufatisha isafuriya
ishushe

gootsteen
icogerezo

borstel
uburoso

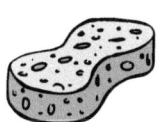

spons
ivyogesho

blender
imigiseri

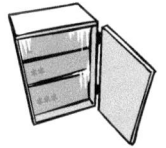

vriezer
frigo nini ikanyisha cane

papfles
bibero

kraan
ivomo

badkamer

ubwogero

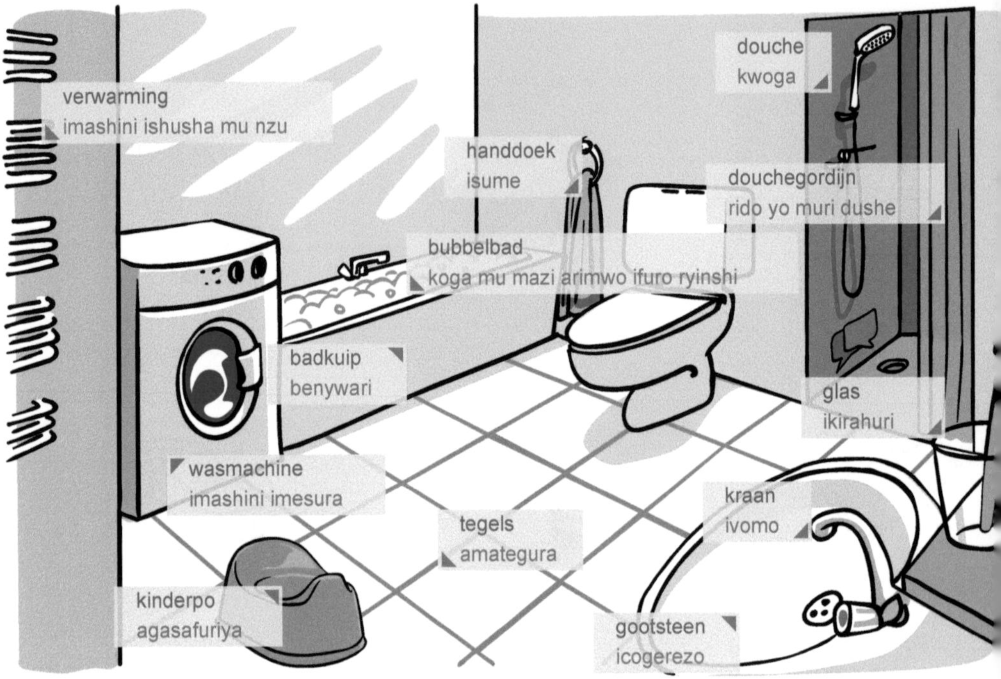

verwarming
imashini ishusha mu nzu
douche
kwoga
handdoek
isume
douchegordijn
rido yo muri dushe
bubbelbad
koga mu mazi arimwo ifuro ryinshi
badkuip
benywari
glas
ikirahuri
wasmachine
imashini imesura
kraan
ivomo
tegels
amategura
kinderpo
agasafuriya
gootsteen
icogerezo

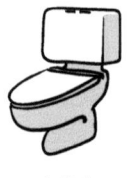

toilet

Akazu ka surwumwe

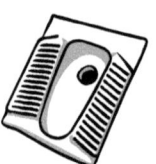

hurktoilet

akazu ka surwumwe k'ikirundi

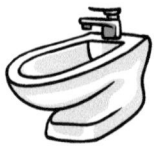

bidet

akantu gatoya bogeraho

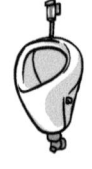

urinoir

aho basoba

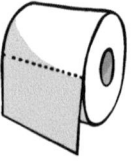

toiletpapier

ibikaratase vyo kwi sukuza mu nzu ya surwumwe

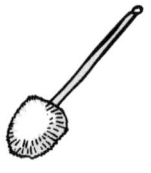

toiletborstel

uburoso bwoza akazu ka surwumwe

tandenborstel

umujigiti

tandpasta

umuti wo koza amenyo

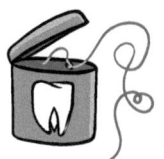

flosdraad

utugozi two gusukura amenyo

wassen

koza

handdouche

ikinyuko

bidethanddouche

ubwoko bwa dushe

waskom

co bakarabiramo intoki

rugborstel

uburoso busukura mu mugongo

zeep

isabune

douchegel

isabuni yo kwoga

shampoo

shampo

washandje

agatambara ko kwisukura

afvoer

umuringoti

crème

amavuta yo kwisiga

deodorant

iparufe yo mu kwaha

spiegel

icirore

handspiegel

icirore

scheermes

imashini imwa ubwanwa

scheerschuim

ifuro ryo kumwa ubwanwa

aftershave

umuti basiga aho bamoye

kam

igisokozo

borstel

uburoso

haardroger

akuma kumutsa umushatsi

haarlak

amavuta bapuriza mu
mushatsi

make-up

ibikoresho vyo kwipodora

lippenstift

amavuta afise ibara yo
k'umunywa

nagellak

verni y'inzara

watten

ipampa

nagelknipper

umukasi uca inzara

parfum

iparufe

toilettas
....
gasaho k' ivyo kwisukura
ku rugendo

kruk
....
agatebe

weegschaal
....
umunzane

badjas
....
penywari

latex handschoenen
....
udufuko tw' intoke iyo
bakora isuku

tampon
....
kotegisi

maandverband
....
kotegisi

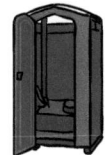

chemisch toilet
....
ubwoko bw'akazu ka
surwumwe

kinderkamer

icumba c' umwana

wekker
isaha ivyura
knuffel
agakoko k' agapupe
speelgoedauto
ikijuwe c' umuduga
rammelaar
ikijuwe c' ibibondo bita hochet
poppenhuis
inzu badandaza amapupe
geschenk
akaganuke

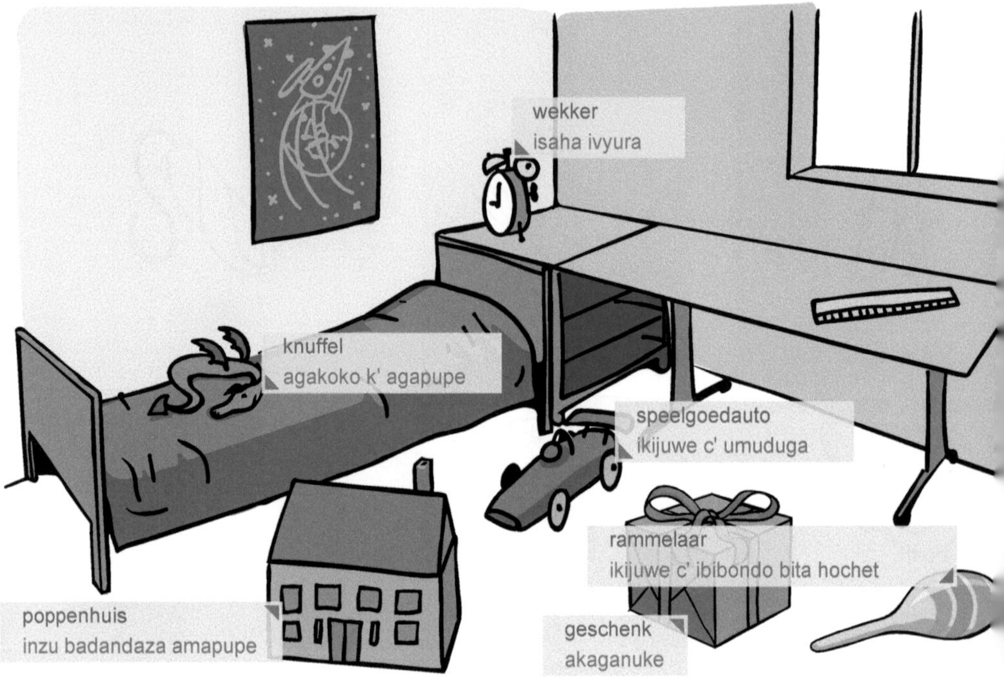

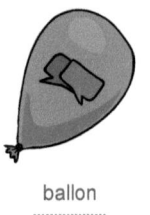

ballon

igipurizo

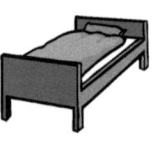

bed

uburiri

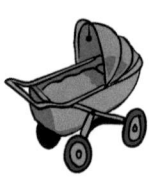

kinderwagen

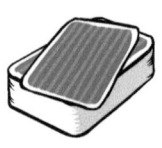

spel kaarten

urukino rw' ikarata

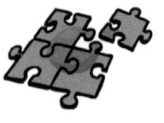

puzzel

urukino bita puzile

SUPER
MEGA

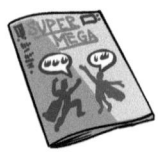

stripboek

ibitabo vy' amashusho

legoblokjes

urukino bita lego

blokken

ibijuwe vyo kubaka

actiefiguur

ipupe

kruippakje

impuzu yo kurarana y abana

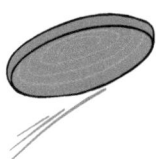

frisbee

urukino bita frisbi

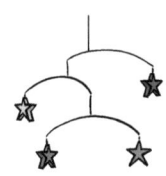

mobiel

udukinisho two ku buriri bw' ibibondo

bordspel

urukino rwo kumeza

dobbelsteen

agakinisho bita de

modelspoorweg

gari ya moshi z' ibikinisho

fopspeen

madanganya

feest

umunsi mukuru

prentenboek

igitabo c' ibicapo

bal

umupira

pop

igipupe

spelen

gukina

zandbak

umusenyi abana
bakiniramwo

schommel

uruvuma

speelgoed

ikijuwe

spelconsole

urukino nyabwonko

driewieler

ikinga ry'amapine atatu

knuffelbeer

igikoko bita ours c 'ikijuwe

kleerkast

akabati k' impuzu

kleding

impuzu

sokken

amashesheti

kousen

amashesheti maremare

maillot

ubwoko bw'impuzu zifata
kandi zigaruka cane

sjaal
furari

paraplu
umwumvuri

riem
umusipi

T-shirt
agapira kadafise amabok

laarzen
ibirato biduga kumurundi

slippers
ibirato vyo mu nzu

sneakers
ibirato vya tenis

sandalen

isandari

schoenen

ibirato

rubberlaarzen

ingamiya

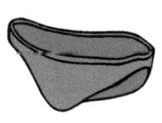

onderbroek

imwesho

beha

isutiye

onderhemd

isongeri

lichaam

impuzu z' imbere

broek

ipantaro

jeans

ijinisi

rok

ijipo

blouse

agashati koroshe kabagore

hemd

ishati

trui

umupira w' imbeho

capuchontrui

umupira w'imbeho ufise
inkofero

blazer

blazeri

jas

ikoti

jas

ikoti rirerire

regenjas

ikoti y'imvura

kostuum

kositime

jurk

ikanzu

trouwjurk

ikazu y'umugeni

pak
kositime

nachthemd
ikanzu yo kurarana

pyjama
impuzu z' ijoro

sari
imvutano z'abahindi

hoofddoek
igitambara co mu mutwe

tulband
igitambara co mu mutwe
bita turban

boerka
npuzu z' abasiramukazi

kaftan
ikanzu bita kaftan

abaya
impuzu y' abasiramu

badpak
impuzu yo kogana

zwembroek
impuzu yo kwogana
y'abagabo

short
imwesho

trainingspak
itereningi

schort
itaburiya

handschoenen
udufuko tw' intoke

knoop

igifungo

bril

amarori

armband

igikomo

ketting

akadede

ring

impeta

oorbel

ihereni

pet

inkofero

kapstok

porutemanto

hoed

inkofero

das

karavate

rits

imashini

helm

inkofero yo kwikingira

bretellen

imisipi

schooluniform

impuzu y' ishure

uniform

umwambaro rusangi
w'ahantu

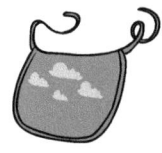

slabbetje

wo bambika ibibondo iyo birya

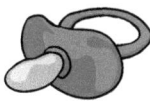

fopspeen

madanganya

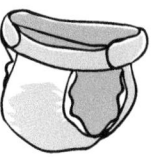

luier

iranje

kantoor

ibiro

server
seriveri
dossierkast
akabati k' ivyangombwa
printer
empirimante
monitor
ekra
pier
karatasi
muis
suri
bureau
ameza yo kwandikirako
map
ico bashiramwo ivyangombwa
toestenbord
karaviye
stoel
intebe
mand
ke bajugunyamo amakaratasi
computer
nyabwonko

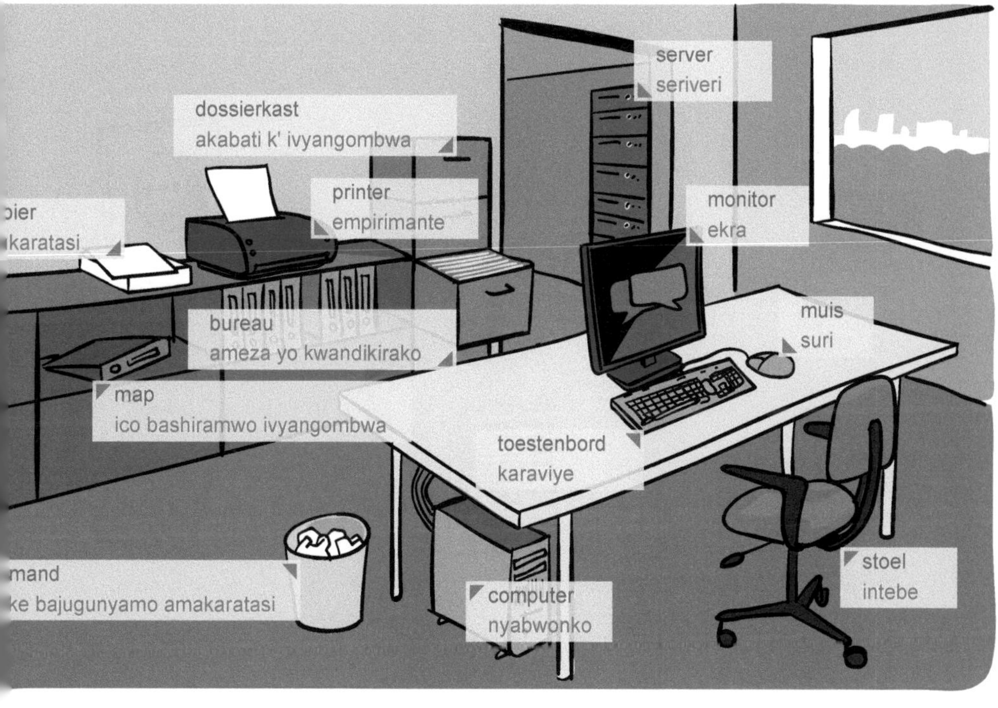

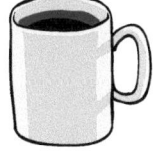

koffiemok

igikombe c' ikawa

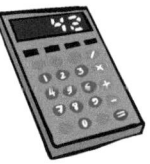

rekenmachine

imashini iharura

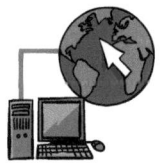

internet

ubuhinga ngurukanabumenyi

laptop

inyabwonko ngendanwa

brief

ikete

bericht

ubutumwa

gsm

telefoni ngendanwa

netwerk

rezo

kopieerapparaat

fotokopiyeze

software

rojisiyeri

telefoon

telefoni

stopcontact

purize

fax

fagisi

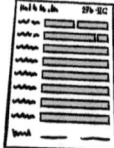

formulier

urukaratasi rwo kuzuza

document

icangombwa

kopen

kugura

betalen

kuriha

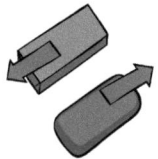

handelen

kudandaza

geld

amahera

dollar

idorari

euro

iyero

yen

iyene

roebel

amahera y' abarusiya

Zwitserse frank

amahera y' abasuwisi

Chinese renminbi

mahera bita renmimbi
yuan

roepie

amahera bita rupi

geldautomaat

icuma gitanga amahera

wisselkantoor

ku bavunjayi

goud

inzahabu

zilver

umujumbu

olie

ipeteroli

energie

inguvu

prijs

ikiguzi

contract

amasezerano

belasting

amakori

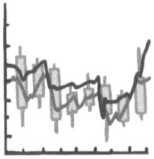

aandeel

igice

werken

gukora

werknemer

umukozi

werkgever

umukoresha

fabriek

ihinguriro

winkel

akaduka

beroepen

imirimo

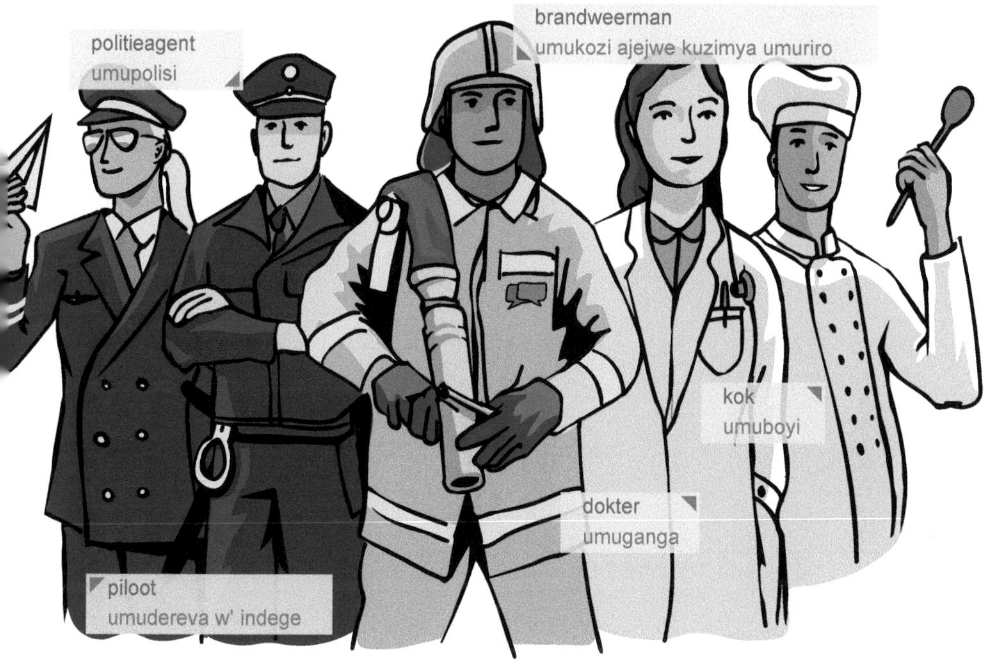
politieagent
umupolisi
brandweerman
umukozi ajejwe kuzimya umuriro
kok
umuboyi
dokter
umuganga
piloot
umudereva w' indege

tuinman

.ukozi akora murikarima

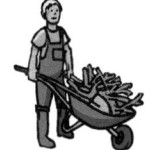

timmerman

umubaji

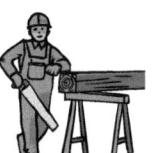

naaister

umushonyi

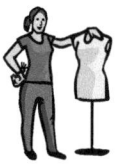

rechter

umucamanza

chemicus

umuhinga mu vya chimie

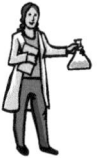

acteur

umukinyi w'amareresi

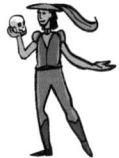

buschauffeur

umudereva w' ibisi

taxichauffeur

umudereva w' itagisi

visser

umurovyi

schoonmaakster

umuzezwanzukazi

dakdekker

sharupantiye

ober

umukozi wo muburiro n'ubunywero

jager

umuhigi

schilder

umufundi w' amarangi

bakker

umuntu akora imikate

elektricien

umufundi w' amatara

bouwvakker

umwubatsi

ingenieur

enjeniyeri

slager

umuyangayanga

loodgieter

umufundi w' amazi

postbode

umuparanto

soldaat

umusoda

architect

umuntu acapa inyubako

kassier

umuntu yakira amahera

bloemist

ukozi ajejwe amashugwe

kapper

kimyozi

conducteur

kontororeri

mecanicien

umufundi w' imiduga

kapitein

umudereva w' ubwato

tandarts

umuganga w' amenyo

wetenschapper

nuhinga mu vya siyansi

rabbijn

umuhinga mu bayahudi bita
rabi

imam

imame

monnik

umuvugiramana

geestelijke

umuvugiramana

werktuigen
ibikoresho vy' ubwubatsi

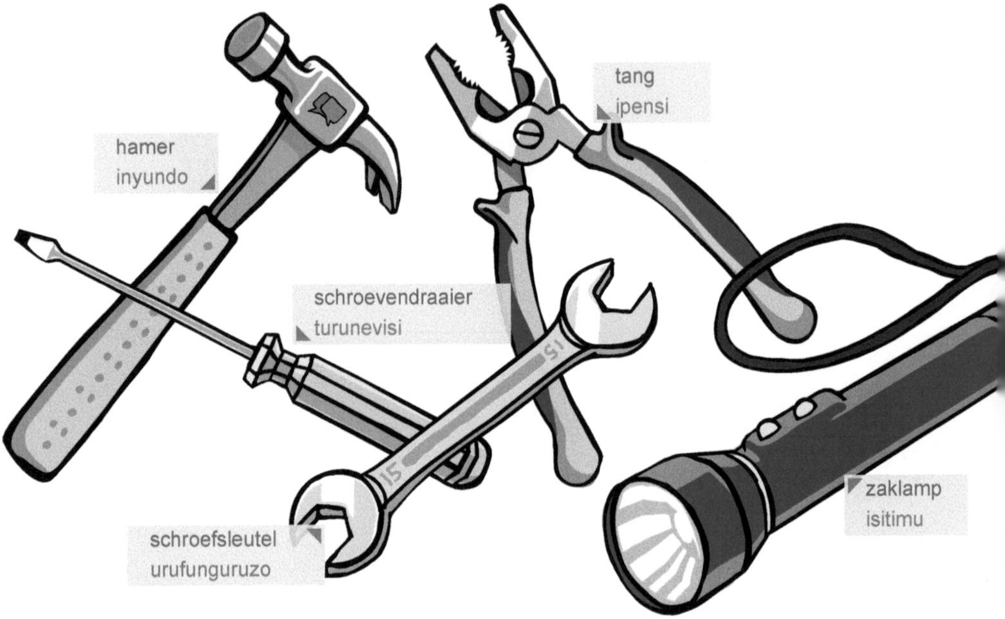
tang
ipensi
hamer
inyundo
schroevendraaier
turunevisi
zaklamp
isitimu
schroefsleutel
urufunguruzo

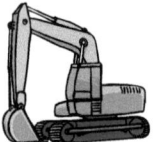

graafmachine

tingatinga

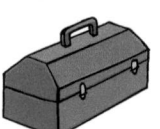

gereedschapskoffer

isaho y' ibikoresho

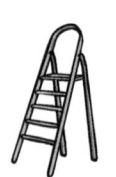

ladder

ingazi

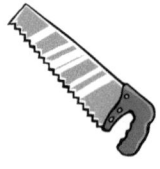

zaag

umusumeno

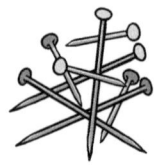

spijkers

imisumari

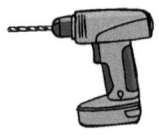

boormachine

icuma bita foreuse

repareren	schop	Verdomme!
gukora	igipawa	asyi!

blik	verfpot	schroeven
agaterura umucafu	indobo y' irangi	ivis

muziekinstrumenten
ivyuma vyo gucuraranga

luidspreker
icuma bita Haut parleur

drumstel
icuma ca musika bita batterie

gitaar
igitari

contrabas
icuma ca musika bita contrebasse

trompet
icuma ca musika bita trompette

piano

icuma ca musika bita piano

viool

icuma ca musika bita violon

basgitaar

gitare icuranga Bass

pauk

icuma ca musika bita timbale

trommels

ingoma

keyboard

icuma ca musika bita piano electrique

saxofoon

icuma ca musika bita saxophone

fluit

umwirongi

microfoon

mikoro

zoo

iratiro ry' ibikoko

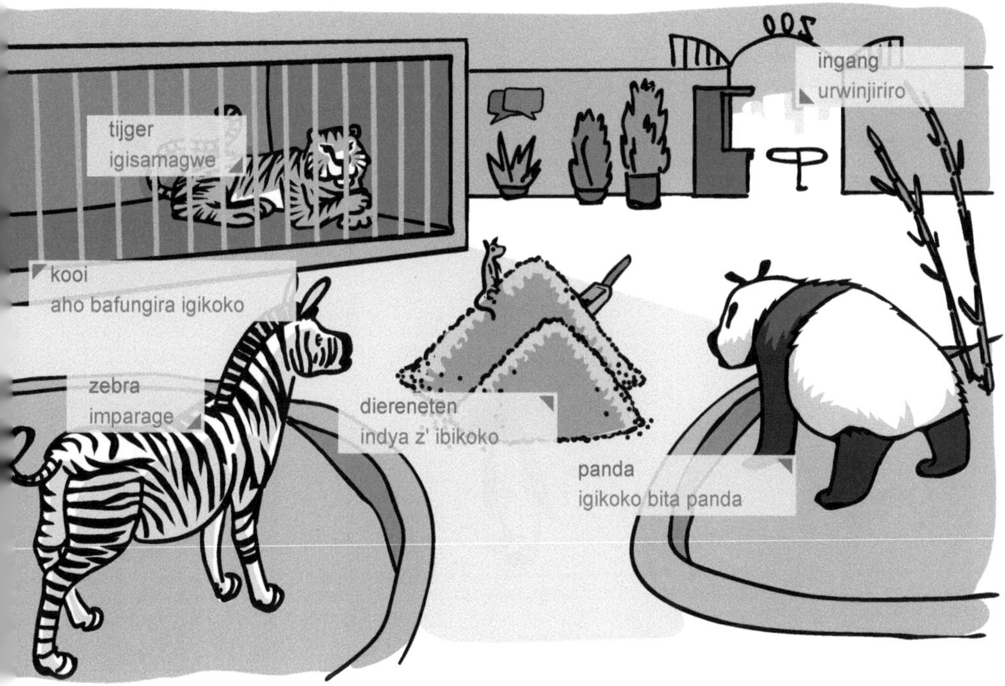

ingang
urwinjiriro
tijger
igisamagwe
kooi
aho bafungira igikoko
zebra
imparage
diereneten
indya z' ibikoko
panda
igikoko bita panda

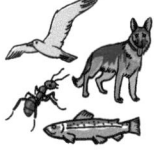

dieren
ibikoko

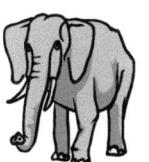

olifant
inzovu

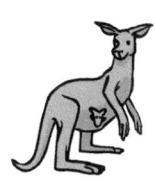

kangoeroe
Kanguru

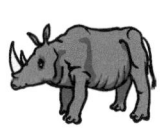

neushoorn
ikoko bita Rhynoceros

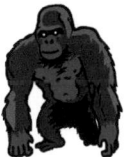

gorilla
inguge

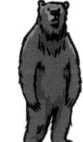

beer
igikoko bita ours

kameel

ingamiya

struisvogel

inyoni bita autriche

leeuw

intare

aap

inkende

flamingo

inyoni bita flamant rose

papegaai

gasuku

ijsbeer

igikoko bita ours blanc

pinguïn

inyoni bita pinguin

haai

ifi bita requin

pauw

inyoni bita paon

slang

inzoka

krokodil

ingona

dierenverzorger

umurinzi w' iratiro ry' ibikoko

zeehond

igikoko bita phoque

jaguar

igikoko bita jaguar

pony

woko bw' ifarasi bita pony

luipaard

ingwe

nijlpaard

imvubu

giraffe

umusumbarembo

adelaar

agaca

wild zwijn

ingurube y' ishamba

vis

ifi

zeeschildpad

akanyamasyo

walrus

igikoko bita morse

vos

imbwebwe

gazelle

ingeregere

rugby
urukino rwa football yo muri amerika

wielrennen
ugusiganwa ku makinga

tennis
urukino rwa tennis

basketbal
urukino rwa basketball

zwemmen
koga

boksen
urukino rw' ingumu

ijshockey
urukino rwa ice-hocke

voetbal
umupira w'amaguru

badminton
urukino rwa badminton

atletiek
ubunonotsi

handbal
urukino rwa handball

skiën
urukino rwa ski

polo
urukino rwa Polo

activiteiten
imirimo

springen
gusimba
knuffelen
kugumbirana
lachen
gutwenga
wandelen
kugenda
zingen
kuririmba
dromen
kurota
bidden
gusenga
kussen
gusoma

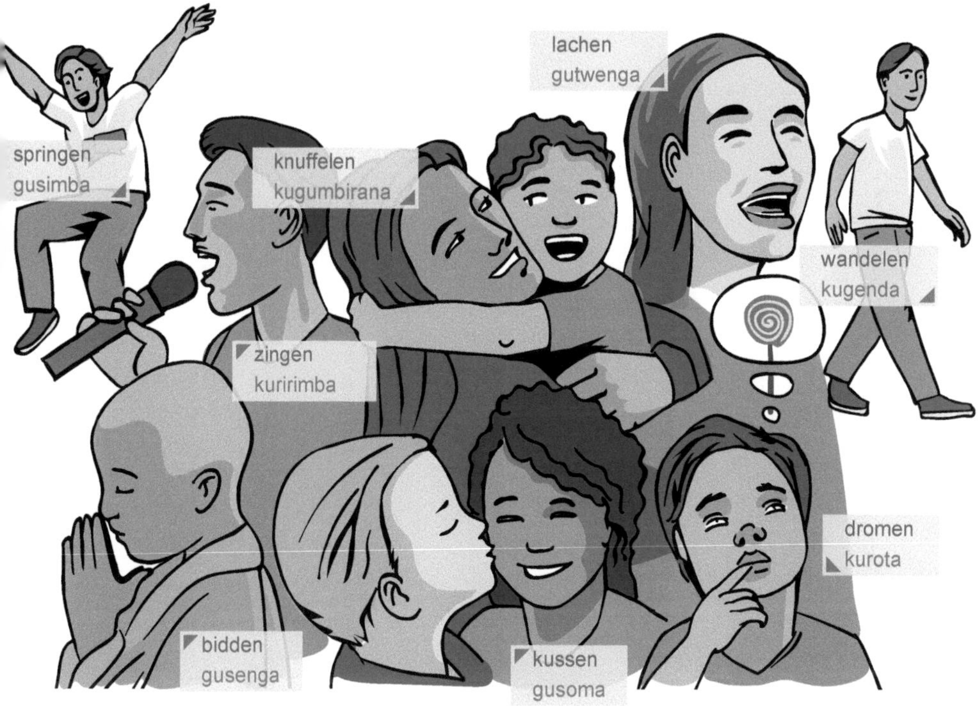

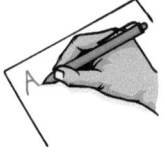

schrijven

kwandika

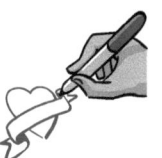

tekenen

gucapa

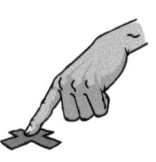

tonen

kwereka

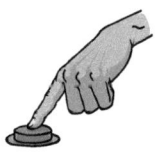

duwen

gusuguma

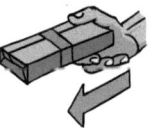

geven

gutanga

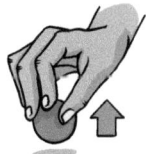

nemen

gutora

hebben

kugira

doen

kugira

zijn

kuba

staan

guhagarara

lopen

kwiruka

trekken

gukwega

gooien

guta

vallen

gutemba

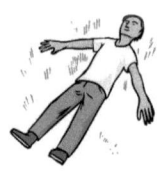

liggen

kurambarara hasi

wachten

kurindira

dragen

gutwara

zitten

kwicara

aankleden

kwambara

slapen

kuryama

ontwaken

kuvyuka

kijken naar

kuraba

wenen

kurira

aaien

kwagaza

kammen

gusokoza

praten

kuvuga

begrijpen

gutahura

vragen

kubaza

luisteren

kumviriza

drinken

kunywa

eten

gufungura

opruimen

gutondeka

houden van

gukunda

koken

guteka

rijden

gutwara

vliegen

kuguruka

zeilen

kugira siporo bita voile

rekenen

guharura

Lezen

gusoma

leren

kwiga

werken

gukora

trouwen

kurongora

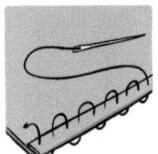

naaien

gushona

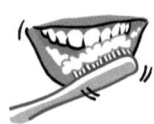

tandenpoetsen

kwijigitura

doden

kwica

roken

kunywa itabi

sturen

kurungika

grootmoeder
nyokuru

grootvader
sokuru

vader
data

moeder
mama

baby
ikobondo

dochter
umukobwa

zoon
umuhungu

gast
umushitsi

tante
masenge

oom
marume

broer
musaza w' umuntu

zus
mushiki w' umuntu

lichaam

umubiri

voorhoofd
agahanga
oog
ijisho
schouder
urutugu
vinger
urutoki
gezicht
isura
kin
agasakanwa
hand
ikiganza
been
ukuguru
borst
agatuntu
arm
ukuboko

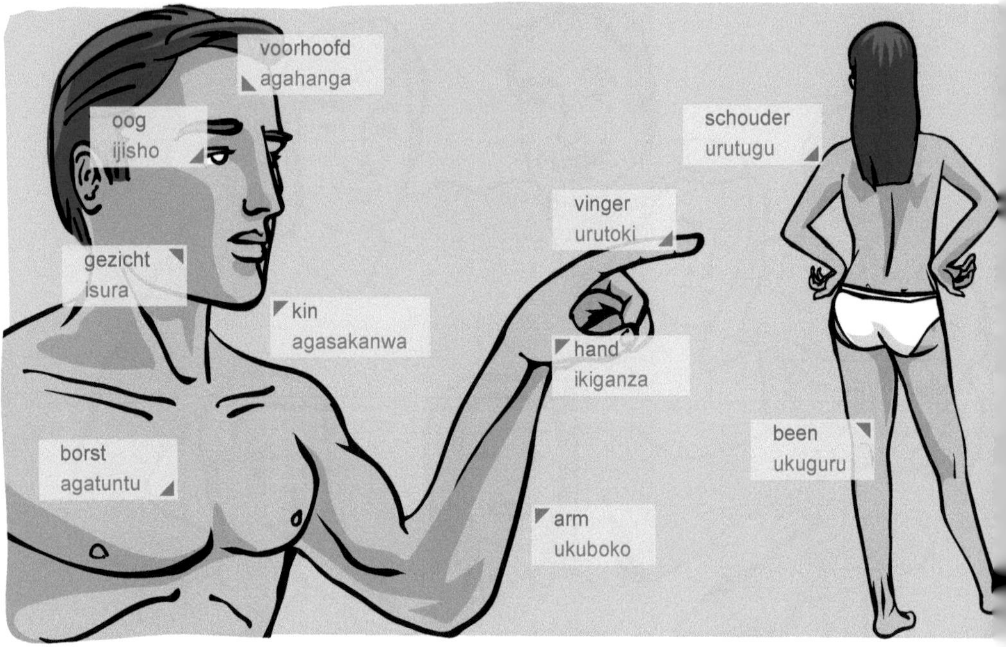

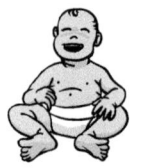

baby
ikobondo

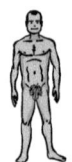

man
umugabo

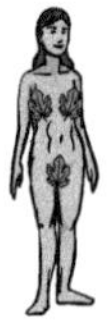

vrouw
umugore

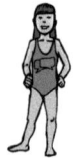

meisje
umwigeme

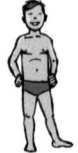

jongen
umuhungu

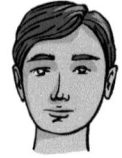

hoofd
umutwe

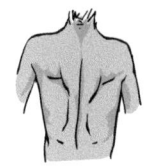	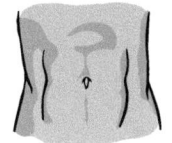	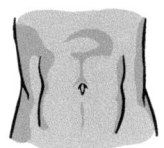
rug	buik	navel
umugongo	inda	umukondo
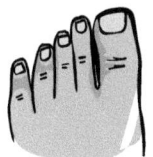	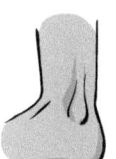	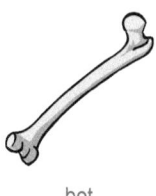
teen	hiel	bot
ino	agatsintsiri	igufa
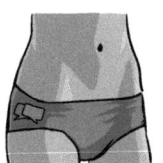		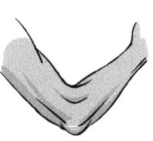
heup	knie	elleboog
ku mafyigo	ivi	inkokora
	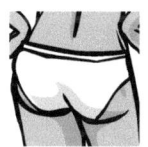	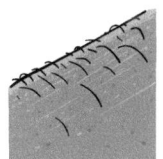
neus	zitvlak	huid
izuru	igisusu	urukoba
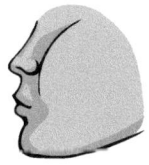	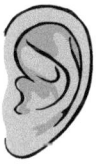	
wang	oor	lip
itama	ugutwi	umunwa

mond

umunwa

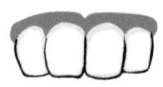

tand

iryinyo

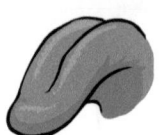

tong

ururimi

hersenen

ubwonko

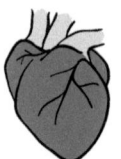

hart

umutima

spier

umutsi

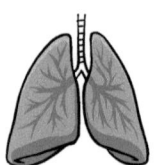

long

ihaha

lever

igitigu

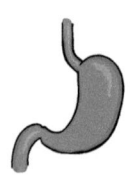

maag

umushishito

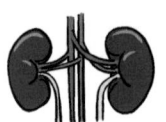

nieren

amafyigo

seks

kurangura amabanga
y'abubatse

condoom

agapfuko

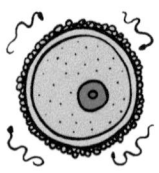

eicel

imbuto y' umugore

sperma

imbuto y'umugabo

zwangerschap

imbanyi

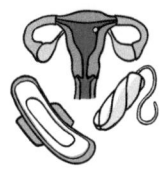

menstruatie

kuja mu kwezi

vagina

igituba

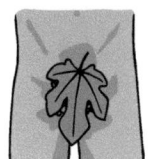

penis

imboro

wenkbrauw

ingohe

haar

umushatsi

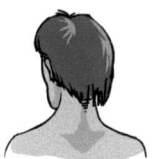

nek

izosi

ziekenhuis
ibitaro

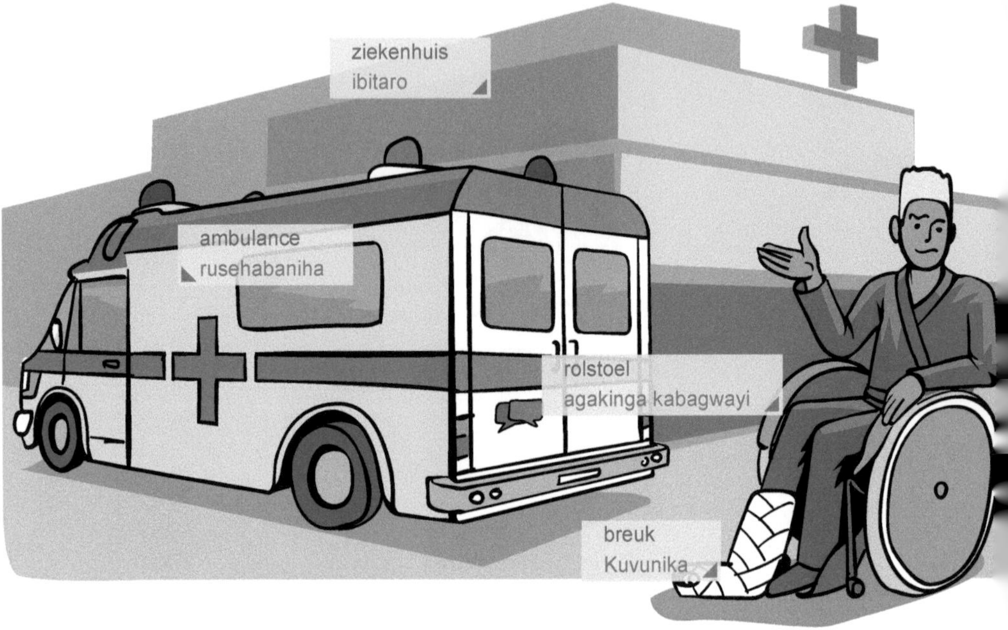

ziekenhuis
ibitaro
ambulance
rusehabaniha
rolstoel
agakinga kabagwayi
breuk
Kuvunika

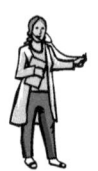

dokter

umuganga

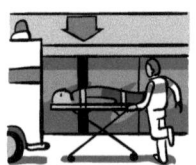

spoed

mundembe

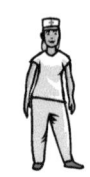

verpleegkundige

umuforomokazi

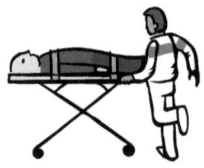

noodgeval

irijanse

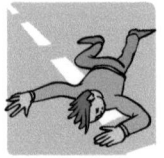

bewusteloos

guta ubwenge

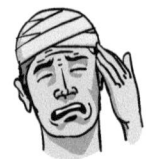

pijn

ububabare

verwonding

igikomere

bloeding

kuva amaraso

hartaanval

uguhagarara k' umutima

beroerte

kuvira indani

allergie

guhurirwa

hoest

inkorora

koorts

ubushuhe bw'umubiri

griep

giripe

diarree

gucibwamwo

hoofdpijn

kumeneka umutwe

kanker

Kanseri

diabetes

Diyabeti

chirurg

uganga ajejwe kubaga

scalpel

akuma ka muganga ubaga

operatie

kubagwa

CT
sikaneri

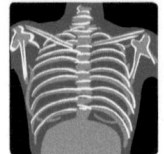

röntgenstraal
radiyografi

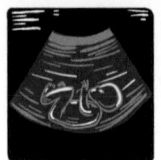

ultrageluid
ekografi

gezichtsmasker
masike

ziekte
indwara

wachtkamer
aho kurindirira

kruk
icishimikizo

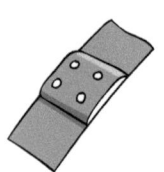

pleister
gufuka igikomere

verband
gufuka igikomere

injectie
gutera urushinge

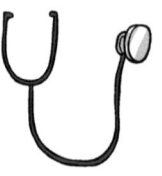

stethoscoop
icuma cumviriza amahaha
n'umutima

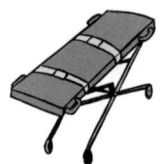

brancard
ingovyi

thermometer
igipima umuriro w' umubiri

geboorte
kuvuka

overgewicht
umuvyibuho urengeje

hoorapparaat

igifasha umuntu kumva
neza

ontsmettingsmiddel

imiti y' ibikomere

infectie

kwandura

virus

umugera

HIV / AIDS

umugera wa sida

medicijn

ubuvuzi

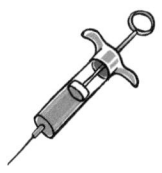

vaccinatie

guhabwa urucanco

tabletten

ibinini

pil

ikinini mbonezamvyaro

noodoproep

telefone itabaza

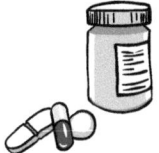

bloeddrukmeter

igipima umuvuduko w'
amaraso

ziek / gezond

arwaye / akomeye

Help! | alarm | overval
muntabare! | ikengere | igitero

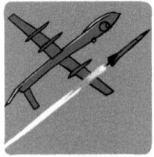  

aanval | gevaar | nooduitgang
igitero | ibihe bikomeye | icanzo

Brand! | brandblusser | ongeval
umuriro! | ikizimyamwoto | isanganya

EHBO-kit | SOS | politie
isanduku y' ubutabazi | ubutabazi | igipolisi

Europa

Buraya

Noord-Amerika

Uburaruko bw' amerika

Zuid-Amerika

Ubumanuko bw' amerika

Afrika

Afurika

Azië

Aziya

Australië

Ositarariya

Atlantische Oceaan

ibahari y' Antalantika

Stille Oceaan

ibahari ya Pasifika

Indische Oceaan

ibahari y' Ubuhinde

Antarctische Oceaan

bahari y' Antaragitika

Arctische Oceaan

ibahari y' Aragitika

Noordpool

Uburaruko bw' umubumbe
w' isi

Zuidpool

Ubumanuko bw' umubumbe
w' isi

Antarctica

antaragitika

aarde

isi

land

isi

zee

ibahari

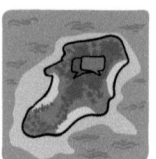

eiland

izinga

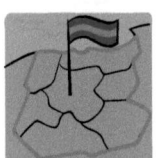

natie

igihugu

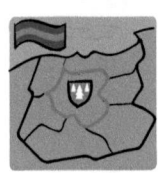

staat

reta

wijzerplaat
aho barabira isaha

uurwijzer
urushinge rw' amasaha

minuutwijzer
urushinge rw' iminota

secondewijzer
ıshinge rw' amasegonda

Hoe laat is het?
ni gihe ki?

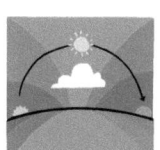

dag
umunsi

tijd
igihe

nu
ubu nyene

digitale horloge
isaha ya electronique

minuut
umunota

uur
isaha

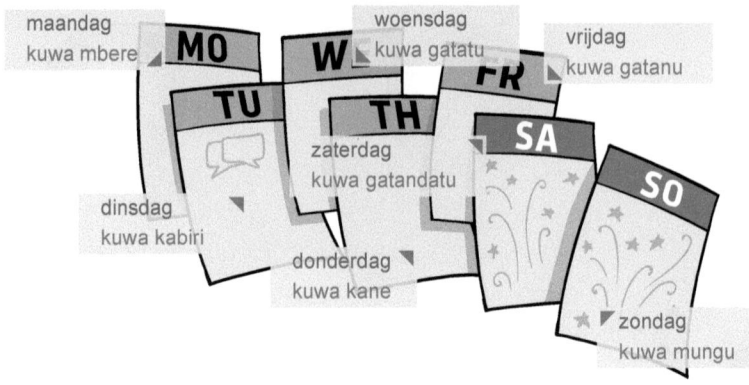

maandag
kuwa mbere

woensdag
kuwa gatatu

vrijdag
kuwa gatanu

zaterdag
kuwa gatandatu

dinsdag
kuwa kabiri

donderdag
kuwa kane

zondag
kuwa mungu

gisteren

ejo haheze

vandaag

ubunyene

morgen

ejo hazoza

ochtend

mu gatondo

middag

sasita

avond

ku mugoroba

werkdagen

iminsi y' ibikorwa

weekend

weekende

jaar
umwaka

regen
imvura
regenboog
umunywamazi
wind
umuyaga
sneeuw
urubura
lente
igihe c' umwaka bita printemps
herfst
igihe c' umwaka bita Automne
zomer
ici
winter
igihe c' umwaka bita hiver

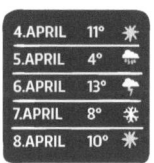

4.APRIL 11°
5.APRIL 4°
6.APRIL 13°
7.APRIL 8°
8.APRIL 10°

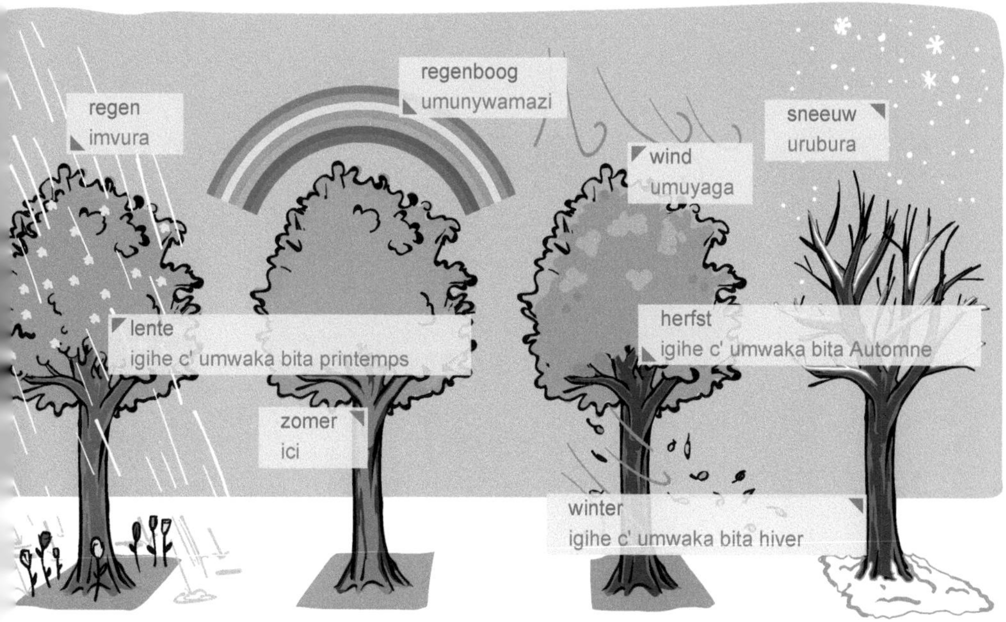

weervoorspelling

ikirangabihe

F C
120 40
90 30
60 20
30 10
0 0
-30 -10
-20

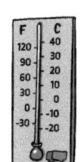

thermometer

igipima ubushuhe bw' umubiri

zonneschijn

ubuseruko bw' izuba

wolk

igicu

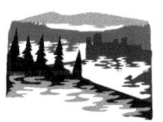

mist

igipfungu

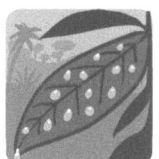

vochtigheid

ifira

bliksem

umuravyo

donder

inkuba

storm

igihuhusi

hagel

urubura

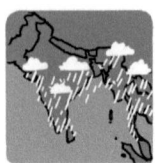

moesson

igihuhusi bita mousson

overstroming

umwuzure

ijs

ibarafu

januari

nzero

februari

ruhuhuma

maart

ntwarante

april

ndamukiza

mei

rusama

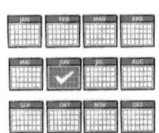

juni

ruhenshi

juli

mukakaro

augustus

myandagaro

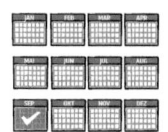

september
....
nyakanga

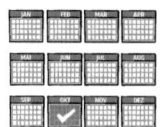

oktober
....
gitugutu

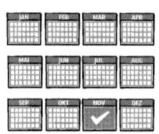

november
....
munyonyo

december
....
migarama

vormen
forume geometrike

cirkel
....
umuzingi

kwadraat
....
ikwadarato

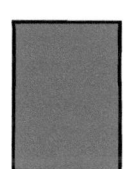

rechthoek
....
urikiramende

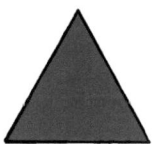

driehoek
....
inyabutatu

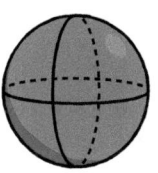

bol
....
umubumbe

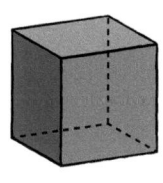

kubus
....
agasandugu

wit

ibara ryera

geel

ibara ry' umuhondo

oranje

ibara risa n' umucungwe

roze

ibara rya rose

rood

ibara ritukura

paars

ibara rya mauve

blauw

ibara ry' ubururu

groen

ibara ry'icatsi kibisi

bruin

ibara ry' igihogo

grijs

ibara rya gris

zwart

ibara ryirabura

veel / weinig

vyinshi / bikeyi

boos / kalm

washavuye / utekereje

mooi / lelijk

mwiza / mubi

begin / einde

intanguriro / iherezo

groot / klein

kinini / gitoyi

licht / donker

gikeye / cijimye

broer / zus

aza w' umuntu / mushiki w' umuntu

proper / vuil

gisukuye / gicafuye

volledig / onvolledig

gikwiye / gicagatiye

dag / nacht

umunsi / ijoro

dood / levend

wapfuye / ariho

breed / smal

cagutse / caga

eetbaar / oneetbaar

kiryoshe / kibishe

kwaadaardig / vriendelijk

umutima mubi / umutima mwiza

opgewonden / verveeld

anezerewe / arambiwe

dik / dun

kivyibushe / conze

eerst / laatst

cambere / canyuma

vriend / vijand

umugenzi / umwansi

vol / leeg

cuzuye / kiri gusa

hard / zacht

kigumye / coroshe

zwaar / licht

kiremereye / gihwahutse

honger / dorst

inzara / inyota

ziek / gezond

arwaye / akomeye

illegaal / legaal

cemewe n'amategeko / kitemewe n'amategeko

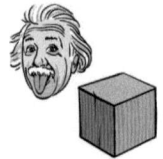

intelligent / dom

incabwenge / ikijuju

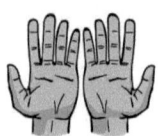

links / rechts

ibubamfu / iburyo

dichtbij / veraf

hafi / kure

nieuw / gebruikt

gishasha / gishaje

niets / iets

ntaco / kiriho

oud / jong

umutama / urwaruka

aan / uit

kwatsa / kuzimya

open / dicht

kugurura / kugara

stil / luid

gitekereje / gifise urwamo

rijk / arm

umutunzi / umukene

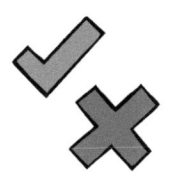

juist / fout

nivyo / sivyo

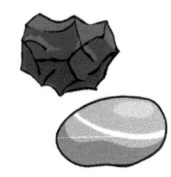

ruw / glad

kigoramye / kigororotse

droevig / blij

shavuye / anezerewe

kort / lang

kigufi / kirekire

traag / snel

kigenda bukebuke /
kinyaruka

nat / droog

gitose / cumye

warm / koud

gishushe buhoro / gikanye
buhoro

oorlog / vrede

intambara / amahoro

0

nul

ubusa

1

één

rimwe

2

twee

kabiri

3

drie

gatatu

4

vier

kane

5

vijf

gatanu

6

zes

gatandatu

7

zeven

indwi

8

acht

umunani

9

negen

icenda

10

tien

cumi

11

elf

cumi na rimwe

12	**13**	**14**
twaalf	dertien	veertien
cumi na kabiri	cumi na gatatu	cumi na kane

15	**16**	**17**
vijftien	zestien	zeventien
cumi na gatanu	cumi na gatandatu	cumi n' indwi

18	**19**	**20**
achtien	negentien	twintig
cumi n' umunani	cumi n' icenda	mirongo ibiri

100	**1.000**	**1.000.000**
honderd	duizend	miljoen
ijana	igihumbi	umuriyoni

Engels

Icongereza

Amerikaans Engels

Icongereza co muri Amerika

Chinees (Mandarijn)

Mandare kivugwa mu bushinwa

Hindi

Igihinde

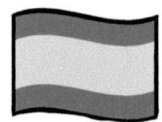

Spaans

Ikispaniya

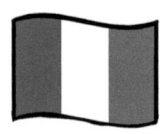

Frans

Igifaransa

Arabisch

Icarabu

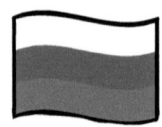

Russisch

Ikirusiya

Portugees

Igiporitigare

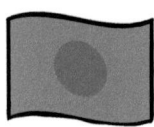

Bengali

Ikibengare

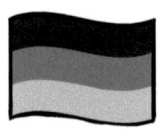

Duits

Ikidage

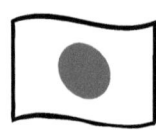

Japans

Ikiyapani

ik

jewe

u

wewe

hij / zij / het

we / we / co

wij

twebwe

u

mwebwe

ze

bo

wie?

inde?

wat?

iki?

hoe?

gute?

waar?

hehe?

wanneer?

ryari?

naam

izina

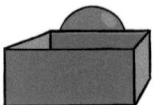

achter

inyuma ya

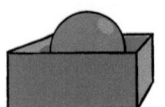

in

indani ya

voor

imbere ya

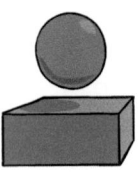

boven

hejuru ya

op

ku

onder

munsi ya

naast

mu mbavu ya

tussen

hagati ya

plaats

ikibanza